길 위의 노래

창조문예
시　　선
0　1　4

윤병춘 시집

길 위의 노래

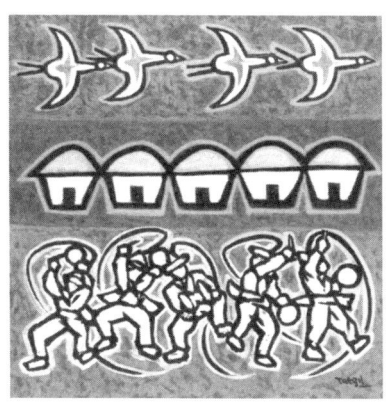

창조문예사

 **시인의 말**

자연의 이야기 속으로

　자연은 스승이며 좋은 친구이다. 아낌없이 내어주는 어머니의 마음처럼 진솔한 이야기를 들려준다. 거짓 없는 자연 속에서 고뇌하고 사유하며 열매로 얻은 것이 이번 시집이다.

　어디서 무슨 이야기를 들을 수 있는가에 대한 설레는 오늘이고, 자연 속에서의 만남을 위해 보내는 삶이다. 무엇보다도 그 만남 속에서 삶에 대한 이야기를 들을 수 있다. 눈물의 이야기나 아름다운 이야기로 위로의 삶을 지닐 수 있기 때문이다.

　앞으로 자연 속에서 고뇌하고 사유하는 삶을 영위할 것이다. 자연과 함께 동행하며, 자연 속에서 보내는 즐거움을 간직할 것이다. 그것은 자연은 거짓이 없고 진솔한 이야기를 들려주는 스승이며 친구이기 때문이다.

  시집을 출판해 주신 월간 《창조문예》 임만호 회장님께 감사드린다. 그리고 해설을 해주신 임영천 교수님께도 감사를 드린다. 또한 늘 지도해 주시고 격려해 주시는 최규창 선생님께도 감사드리며 창조문예 편집부에 감사를 드린다.

2024년 11월 30일
윤병춘

 **차례**

시인의 말 · 4

1부_ 별들의 일상

가을 산에 오르면	13
꽃과 별들의 노래	14
냇가에서	16
눈 내리는 밤길	18
가을 풍경	20
늦가을의 코스모스	21
담쟁이의 하루	22
단풍	24
무거운 세월 속에서	25
물의 생애	26
민들레의 울음	28
바닷가에서	29
별의 일상	30
산책로의 민들레	31
호수	32
이슬	34

2부_ 꽃 가꾸기

골목 풍경	37
길 위의 노래	38
꽃 가꾸기	39
녹슨 파편	40
무등산에 올라	41
봄	42
신발	43
오늘	44
오늘은	45
임진강의 하소연	46
오늘의 길	48
찔레꽃	49
침묵하는 들판	50
차창 밖의 풍경	52
카눈의 발자국	53
풀꽃들과 손잡고	54

3부_ 그대의 사랑

그 집은	57
가을의 기도	58
그대	60
그대의 사랑	61
그대의 손은	62
그대의 음성	63
나는 누구인가	64
그대의 향기	66
당신의 손	67
동행	68
뜨거운 눈물	69
마지막 기도	70
마지막의 노래	72
빛의 길	74
손길	75
오늘의 자화상	76

4부_ 그리운 고향

고란초	81
고향 생각	82
고향의 옛집	84
그리운 고향	85
나팔꽃	86
동작대교를 지나며	88
동해바다의 파도	89
두 얼굴	90
사랑	91
사모곡	92
여름에는	94
일몰 이후	96
이 밤에	98
추억 속의 얼굴	99
향수	100
타향의 밤	102

해설_ 빛의 세계 지향과 낭만적 추억의 노래_ 임영천 • 103

1부
별들의 일상

가을 산에 오르면 • 꽃과 별들의 노래 • 냇가에서
눈 내리는 밤길 • 가을 풍경 • 늦가을의 코스모스
담쟁이의 하루 • 단풍 • 무거운 세월 속에서 • 물의 생애
민들레의 울음 • 바닷가에서 • 별의 일상
산책로의 민들레 • 호수 • 이슬

가을 산에 오르면

가을 산에 오르면
오늘의 화려한 삶을 화사하게 보내는
왁자지껄한 축제 속으로 초대하고
지난날의 하찮은 삶을 활활 태우며
뜨겁게 살아왔던 한 생애의 이별을
마지막으로 보여주고 있네

꽃과 별들의 노래

창밖에 새벽이슬로 핀 목련꽃이
내 마음 밭에도 피었으면
종달새 노래를 들으며
어깨를 짓누르는
무거움을 내려놓고
하얀 꽃노래를 부르고 싶네

시냇물에 얼굴을 씻으며
가슴에 강이 흐르는 꿈을 키우고
마음 밭에 하얀 꽃이 피는 꿈을 꾸네

노을을 삼키는 바다를 보며
가슴을 활짝 열고
바람도 구름도 산도
가슴속 깊이 담아보네

깊은 골짜기 걸으며

별들의 노래를 따라 부르고

향그러운 풀밭에 누워

별들의 노래를 따라 부르네

냇가에서

냇가의 물빛이
거울처럼 맑은 것은
대지의 심장을 뚫고
오늘도 새롭게
태어나기 때문이다

거친 바람이
할퀴고 흔들어도
웃음으로 넘기는 것은
바다 같은 가슴으로
품어주기 때문이다

오늘은 냇가에서
타향살이 아픔을 씻고
환하게 웃는 것은
어머니의 품처럼
포근하기 때문이다

냇가에 앉아 있으면
오늘의 나는
내가 아님을 보고 있는 것은
유년의 얼굴들이
기웃거리기 때문이다

눈 내리는 밤길

활짝 웃는 별을 헤집고
만월이 그 위에 떠
쓸쓸한 들판에
외로워 보이는 빛을 쏟아붓는다

쓸쓸한 겨울밤에
KTX가 번개처럼 달려간다
찢는 듯한 심장의 절규
싸늘한 메아리를 남기고 간다

스피커가 쏟아내는 울컥한 노래는
그리운 목소리가 되어
가슴을 방망이질하고
마음을 아픔으로 가득 채운다

늦은 밤 들려오는 기적 소리가
산짐승의 울음소리로 들릴 때

고향에도 못 가고
타향에서 떠돌고 있다

슬플 만큼 쓸쓸한 길이다
그리움의 그대여
내일은 그대 곁에 돌아가
벽난로 앞에 앉아 지울 것 지우고
조용히 그대만을 바라보고 있으리라

오 나의 사랑이여
나그네처럼 서글픈 길이다
수다를 떨던 스피커도 잠이 들고
달빛은 안개처럼 짙어지는
옛적의 종소리만 메아리치고 있다

가을 풍경

높고 파아란 하늘
감나무에 외로운 빨간 홍시
고추잠자리 즐거운 하늘 여행
비단 두른 가을 산을 품은 호수
건드리지 않아도 흔들리는 갈대
먼 여행을 준비하는 고운 잎새
발레에 푹 빠진 코스모스
빈 들판을 지키는 늙은 허수아비
슬픈 귀뚜라미 젖은 노래
여저기 멀리 떠나려는 가을이네

늦가을의 코스모스

늦가을 길가의 갈잎 숨결에
이별의 노래를 부른다
지난날의 화려한 기억을
가슴 깊숙이 접어 두고
바람의 손에 붙들려
다하지 못한 이야기를 두고
하늘이 허락한 시간과 함께
저 광활한 우주 속으로
사라지는 오늘이다

담쟁이의 하루

보이지 않는 작은
연약한 발바닥
특전병사의 목숨 건 포복이듯
땀을 마시며 벼랑길 걷네

유유히 그대 홀로 어디로 가려는가
갈 길은 멀고 험한데
길동무 없어 외롭고 쓸쓸한 길이어도
한마디 투정 없이
약속의 땅으로 길을 떠나네

목적지는 아무도 모른 동화 속 나라
망망한 바다와 험한 파도
갈 길은 아득한 하늘 끝
그늘도 없는 벼랑길을 오르네

돌아서서 보면

지나온 하루는 가시밭길
누구를 탓하겠느냐
어느 날인가 걸을 수 있는
꽃길을 꿈꾸는 벼랑길이네

단풍

얼마나 아팠으면 얼굴이
핏빛으로 물들었을까
밤새도록 흘린 눈물이
저렇듯 핏빛 울음인가
피 멍울 든 얼굴 속에서
하얗게 태운 불꽃
어머니의 가슴을 보네

무거운 세월 속에서

무거운 세월 속에
진달래꽃 피어난 산기슭
아직도 황톳빛 속살 드러내고
산과 들에서 뛰놀던
사금파리 얼굴들이
무거운 세월 속에서
걸어 나와 손을 흔든다

물의 생애

물은 언제나 울음을 삼켜 태연한 모습이다
물은 우주의 소리를 모아
하늘의 목소리로 노래 부르고
불의의 곁에는 신발도 벗지 않는다
물의 손에는 가시가 없고
탓하지 않는 마음으로 맞이한다

부딪치고 깨어지고 몸부림치며
가다가 서면 강이 되고
낮은 데서 고개 숙이며
출신을 부끄러워하지 않고
공로를 내세우지 않는다

물은 미움을 모르기에 적이 없다
물은 전술을 배우지 않고도
바다를 호령하고 지구를 지킨다
어떤 장수의 칼도 벨 수가 없다

물은 높은 곳의 출신일수록

빨리 무릎을 꿇고

땅에 엎드려 초록으로 출렁인다

민들레의 울음

날마다 밟혀도
당당히 맞서지 못하고
피눈물을
가슴으로 삼키며
일그러진 팔다리
애달픈 절규
울음 섞인 목소리로
세상을 깨우고 있다

바닷가에서

아름다운 물의 나라 바닷가에는
아이들의 눈빛이 반짝입니다
끝없는 수평선 저 멀리에서
무서운 파도가 쉴 새 없이 밀려오지만
아이들은 소리치며 웃어 댑니다

높은 빌딩을 그리고
고래를 그리는 아이들은
수평선에 마음을 띄워 보내는 아이
물의 나라에서 신나게 뛰어놉니다

아이들은 하루 종일 물의 나라에서
무서운 파도의 힘도 모르고
꽃노래를 부르며
재미나게 놀고 있습니다

별의 일상

하늘 꽃밭에 피어난 별은
이 밤에도
하늘 마당에서 뛰놀고
하늘 아래 착한 아이들과
밤새도록 눈 맞춤하고
사랑을 노래하네

산책로의 민들레

산책로의 민들레는
나무숲 사이의 햇빛 속에서
간신히 뿌리를 내리고 일어섰으나
오가는 발걸음에 밟히고
날마다 수없이 밟혔으나
꺾이고 멍든 아픔을 딛고
오늘도 꼿꼿하게 일어서서
활짝 꽃을 피우고
하루 종일 웃음으로 보낸다

호수

산은 사랑하는 가족을 데리고
호수의 넓은 마당으로
즐거운 소풍을 나와 즐기고 있다
숲속 산새들의 흥겨운 노랫소리에
별들도 구름을 데리고 내려와
아늑한 쉼터가 되어 주고 있다

달의 옷고름을 타고
우르르 은하수 내려오고
해 같은 밝은 등불 켜지고
하늘 가슴에 박혀 있는 이야기
밤이 닳도록 하모니가 흐르고 있다

가로등을 깨우려는 듯
지나가는 바람의 날갯짓
고요 속에 꿈길을 걷는
흥겨운 호수의 아름다운 무대에서

노래가 흐르고

사랑이 꽃피고

생명이 부활하고 있다

이슬

풀잎 위에서
밤새도록 놀던 이슬은
해가 떠오르면
누구도 모르게 숨고
서녘 하늘로 해가 넘어가면
다시 나타나
아주 작은 목소리로 속삭이며
놀고 있다

2부
꽃 가꾸기

골목 풍경 · 길 위의 노래 · 꽃 가꾸기 · 녹슨 파편
무등산에 올라 · 봄 · 신발 · 오늘 · 오늘은
임진강의 하소연 · 오늘의 길 · 찔레꽃 · 침묵하는 들판
차창 밖의 풍경 · 카눈의 발자국 · 풀꽃들과 손잡고

골목 풍경

으슥한 골목에
가로등은 혼자 서서
눈길을 끌어모으고

눈 부릅뜬 장승
폭풍우를 견뎌내고
억겁의 전설을 간직한 채
외톨이로 서 있다

새벽은 아침을 열고
포근한 눈송이가
가로등을 감싸안고
골목의 어둠을 덮는다

길 위의 노래

길은 걷지 않으면 길이 아니다
이 길 위에서
찾아가는 늘 푸른 길은
마지막으로 선택받은 길이다
배고프고 목마르고 추워도
나를 짊어지고 가는 이 길의 끝에
그리움의 그대가 기다리고 있다

꽃 가꾸기

나의 심연의 그대는
소리 없이 다가와
깊숙이 뿌리를 내리고
오늘도 세찬 바람에 흔들리지 않는다
나의 심연의 곳곳에서
아름다운 꽃을 피우기 위해
밤낮없이 가꾸고 있다

녹슨 파편

포화에 이지러진 봉우리에는
아군과 적군이 퍼부었던
수만 개의 포탄이 이곳저곳에 박혀
포연의 끈적한 아픔을
바람에 날리고 있다
녹슨 파편은 잠들지 않고
아픈 상처로 너부러져 있는 곳
지나가는 바람도
흘러가는 구름도
말없이 울며 지나간다
네가 뚫고 나온 가슴은
누구의 가슴이냐고
무엇을 위해 쓰러뜨렸느냐고
무슨 한이 맺혔기에
몸을 찢었느냐고
시퍼렇게 날을 세우고
아직도 눈을 번뜩이며 묻고 있다

무등산에 올라

얼마나 정이 깊어
어깨동무 풀지 않을까
누구도 비집고 끼어들 수 없는 틈새
종횡대로 방어선 짜던 아픈 그날
빛고을을 지키려는 확고한 의지
태울 듯이 이글거리는 눈빛
화약 냄새 역겨운 도청 앞 광장
빛고을을 지키려는 애달픈 절규
평화를 찾고자 지르는 함성
화약 냄새에 취해 비틀거리는 햇살
아픈 그날의 일기장을 읽고 있네

봄

봄은 다시 태어나는 계절이다
온갖 아름다움이 피어날 때에
그때에 얼었던 가슴속에는
사랑의 얼굴이 태어난다

봄은 사랑의 생명으로 온다
온갖 꽃들이 피어나고
이름 모를 새들이 노래할 때에
불타는 사랑으로 손에 손을 잡는다

신발

누가 신었던 걸까

신발이 너부러져 있네

골목 어귀에

그 아래 계단 밑에

작은 벚꽃나무 옆에

주인 잃은 신발

눈뜬 상표는 선명한데

저 신발의 임자는 누구일까

그는 구름 모자를 썼다

그는 바람의 옷을 입었다

목 터지게 부르니 그는 사라지고

차디찬 바람만 스치고 간다

무슨 급한 소식 있어

못다 핀 천사 같은 봉오리들

신발도 벗은 채

저들은 지구별을 떠났을까

* 이태원 참사 당시의 처참한 모습.

오늘

날이 저무는 것이 얼마나 아름다운가
오늘이 저물어 내일이 그립고
멀리 있는 사람 그리워하는 것은
얼마나 황홀한 아름다움인가
서있는 사람보다
걸어가는 사람이 멋있고
손잡고 가는 사람이 더욱 아름답다

날이 저물면 내일이 오고
그리운 사람이 가차이 와서
가슴을 두들기는
시간 속에서
펼쳐진 오늘이 아름답다

오늘은

그리움을 싣고 달려가는
기적 소리 없는 열차
아픔의 고개 너머
울먹이는 사랑

아득히 멀고 먼 오늘은
기다림이 너무 아프다
시간의 열차는
모든 것을 지우려 하고
사랑은 더 뜨거운 눈물

실려 가다 돌아오는 그리움
파고드는 아픈 가슴속에
한 송이 꽃이 피고 있다

임진강의 하소연

엄니 이제 여기 오지 말아요
그 강둑에서 저를 기다리지 말아요
칼바람이 엄니의 야윈 얼굴을 할퀴면
제 가슴이 더 쓰리고 아파요
소박한 엄니의 희망이었던 저는
결코 눈물 흘리지 않았어요
엄니 이제 그만 발길을 돌리세요

엄니 이제 저는 희망이 아닙니다
엄니가 기댈 등도 아닙니다
엄니가 설 수 있는 반석도 아닙니다
이제 저를 징검다리 삼아 밟고 가세요
이곳에도 표독한 한들이 모여 봄꽃이 피고
기다리는 이의 새벽도 가찹네요

자유 잃은 임진강의 철새들은
더 따뜻한 자유의 땅을 찾아 떠나고

그리움을 우는 이의 새벽길 되어
원한도 삭아서 햇살이 되고
평화가 펄럭이는 어딘가에 있을
자유를 찾아 길을 떠나네요

시린 밤하늘에 초승달 뜨면
그 어디쯤 내가 걸어가고 있다고 생각하세요
시퍼런 가슴을 두드리며 흐느끼던
울 엄니는 오늘도 눈 덮인 산에 올라
눈물 섞어 부른 엄니의 사랑 노래 듣고 있네요

오늘의 길

어제의 길은

어젯밤에

눈물로 보내고

오늘의 길은

눈물 속에서 보았던

빛의 길이다

찔레꽃

그리움의 언덕에 피어난
하얀 찔레꽃
그날의 모습으로 다가와서
다소곳이 마주 서서
못다 한 사랑의 이야기 속으로
초대하고 있네

침묵하는 들판

바라만 보아서는
아무것도 있을 것 같지 않고
아무것도 살 수 없는
겨울이 머물러 있는 들판을 걸으며
시린 바람 손맛을 보며
어머니의 따사로운 품 같음을 알았다

여저기 숨지 못한 잔설이
흙의 포근한 품을 꿈꾸며 꿈틀거리고
여저기 논두렁 초록의 풀이 일어나
저만치 걸어오는 햇살을 마중하고 있다

발목을 붙잡는 대지의 끈덕진 눈물
눈물의 아픔이 삶의 아픔만큼 쓰렸지만
시린 들판 가운데서 우리가 만난
아픔이 편히 잠자는 모습도 보았다

시린 들판을 걸으며
겨울을 덮고 누운 들판이나
바람을 휘감고 거니는 사람이나
가까이 찾아가지 않으면서
아무것도 만나지 못할 거라고
그 무엇도 살지 않을 거라고
그냥 말하지 않아야 한다

차창 밖의 풍경

문산행 기차를 타고
차창 밖 풍경 속 서부전선은
여저기 슬픈 바람이 불어오고
엎드려 울먹이는 산을 보네
아직도 멈추지 못한 포성 소리
안개처럼 자욱이 깔리고
한恨을 삭이지 못한 울음소리들이
희희덕거리는 가슴을 때리네

카눈의 발자국

카눈이 머물렀던 지난밤 상처
울음소리의 공원길에는
카눈이 걸어간 자리
직격탄의 흔적이 너부러져 있다
키다리 상수리나무와 소나무가
팔이 꺾이고
다리가 부러져 처참하였다
몸통이 절단 나고
뿌리를 하늘로 치켜들고 절규하고 있다
슬픔을 꾹꾹 눌러 담은 소리
키 낮은 나무들은 쓰러지지 않았고
보리수나무는 몇 알 열매만 잃고 그대로였다
가녀린 풀잎들은 햇볕에 몸을 말리고
초가지붕 박 넝쿨도 그대로 엎드려
지나가는 바람에 몸을 털고 있었다
나는 꿈에서 깬 듯 그제서야
빈 집터 같은 마음을 비우고 비운다

* 카눈 : 2023년 8월 9일 우리나라에 상륙한 6호 태풍의 이름.

풀꽃들과 손잡고

풀꽃들이 소곤거리는
강둑을 걸어 보라
잔잔한 호수 속에
빛나는 별을 보라
그대의 가슴속 깊이
자리 잡은 외로움은
눈 녹듯 풀리리니
풀꽃들과 손잡고
별을 보며
강둑을 걸어라

3부
그대의 사랑

그 집은 · 가을의 기도 · 그대 · 그대의 사랑
그대의 손은 · 그대의 음성 · 나는 누구인가
그대의 향기 · 당신의 손 · 동행 · 뜨거운 눈물
마지막 기도 · 마지막의 노래 · 빛의 길
손길 · 오늘의 자화상

그 집은

빛의 대문을 열면
이 땅을 떠나
어머니가 살고 있는
그 집이 보인다
어느 날인가
빛의 대문을 열면
그리운 어머니는
두 손을 들고
맨발로 뛰어나올 것 같은
그 집에는
그리운 얼굴들이
기다리고 있다

가을의 기도

가을에는
잠든 생각을 깨워
낙엽이 떨어져 우는
이별의 설움을
꽃의 말로 위로하게 하소서

가을에는
당신의 마음을 배워
촛불처럼 나를 비우고
알찬 열매로 잔칫상을 차린
가을의 마음으로 감사하게 하소서

가을에는
가녀린 영혼을 위해
황무지에 동백꽃을 피워
포근한 가슴으로 품어주는
사랑을 불태우게 하소서

가을에는
다메섹 길에서 사울을 부르신
청청한 그 음성을 듣게 하시고
죽어야 사는 법을 배워주시고
어둠의 골짝을 벗어나게 하소서

그대

나 외로울 때에

찾아오는

사람이 아닌 사람

낮은 자리에 앉아

뒤에서 걷다가

앞서서 가고

바람의 시퍼런 칼에도

꺾이지 않는 그대

한 사람의 사람이었으므로

사람이 아니었던

그대

그대의 사랑

세상의 비바람 속에
흥건히 젖은 손과 발을
말없이 씻어주고
가득가득 채워주는
그대의 사랑은
지평선처럼 끝이 없어라

그대의 손은

그대의 손은
약한 것 같으나 강철 같고
차가운 것 같으나
오월의 고운 햇살 같고
냉랭한 것 같으나
농익은 홍시 같고
세상의 사나운 풍랑에
할퀴어 찢어진 상처를
어디서나 싸매주고
상처의 눈물을 닦아주고
어제도 그랬듯이
오늘도 싸매주고
닦아 주고 있네

그대의 음성

새벽녘 교회당에서 그대를 만나고
그대의 음성에는
아름다운 음표가 달렸다
음표의 고운 손이
내 가슴의 건반을 어루만지네

감미롭고 황홀恍惚하게
부드럽고 은은하게 흐르는 멜로디
그대의 손가락 그림자마다
사랑의 꽃노래가 아름답네

오늘은
어둠의 길이 훤히 보이는
빛의 길을 보라
발걸음마다 인도하는
그대의 음성이 들리네

나는 누구인가

이른 새벽마다 어둠의 방을 나와
빛의 길을 찾으며
말씀의 거울 앞에 서서
들여다보면
세상의 어둠이
내 얼굴을 덮고 있다

어둠의 바람은
먹구름을 몰고 와
요정 같은 탈을 씌우고
어제의 나를 숨겨 버린다

고향의 들판에서 뒹굴며 놀던
사금파리 소꿉친구도 쳐다보고
누구를 찾는지 궁금한 표정으로
무심한 바람으로 지나가 버린다

어느 날인가

당신 앞에 서는

그날의 그리움 속에서

번뜩이는 세상의 어둠을

회개의 눈물로 벗기고 벗겨낸다

그대의 향기

그대의 짧은 생애가
골고다 언덕을 넘고 넘어
여저기 꽃으로 피어나
사계절 꽃으로 피어나
우리 집 구석구석까지
그대의 향기를 뿌린다

당신의 손

당신의 손은
365일 잠자리에 들지 않고
사시사철 이 땅 위에서
너와 나의 꽃을 피우는
사랑의 일상
너와 나를 가꾸고 있다

동행

어느 날인가 그대는
빛으로 다가와
하루 종일 동행하네
어둠의 길 위에서
어둠으로 동행하고
눈물의 길 위에서
눈물로 동행하네
그 동행의 약속은
어느 날인가
저 강을 건널 때에
빛으로 다가오겠네

뜨거운 눈물

깊은 밤에 홀로 일어나
어둠의 길 위에 서서
길에게 길을 묻는
뜨거운 눈물을 보라
나는 어디서 와서
어디로 가고 있는가
또다시 묻고 묻는
어둠의 길 위에서
뜨거운 눈물이
빛의 길을 찾아 떠난다

마지막 기도

나의 길이 끝나는 날
몸부림 없이 꽃길을 걷듯
노래하며 떠나게 하여 주소서

기약 없이 온 이 세상
사랑을 주고받으며
쓴맛과 단맛을 맛보며 살다가

오라 하는 기별이 오면
그때에는 모두 다 버리고
티 묻지 않은 빈손과
욕심 한 점 없는 깨끗한 마음으로
떠나가야 하는 이치를 알았나니
내 시계가 멈추는 시간이 되면
꽃이 눕듯 웃으며 떠나가게 하소서

이 세상 잠깐의 세월

사랑을 주고받으며
기쁘고 슬프고 아픈 생애였나니

세상에서 만난 아름다운 인연들과
두꺼운 추억 속에 들어 있는 얼굴들이
말없이 떠나는 한날의 허무함으로
슬프게 지워지지 않게 하여 주소서

하루의 고된 노동을 끝내고
고단한 잠자리에 들듯
그렇게 떠나고 보내는
아름다운 소풍이게 하소서

마지막의 노래

세상의 일몰을 앞두고
무거운 짐을 지고
시커먼 마음 그대로
더러운 손 그대로
험악할지라도
머뭇거리지 말고 오라시네

조용히 말씀의 밭을 지나
은혜의 강에서
때 묻은 옷을 빨고
가진 것 없어도
어깨를 펴고 오라시네

맨발로 빛의 집에 가서
빛의 사랑을 배우고
빛의 길을 따라
아름다운 소식을 들고

세상의 일몰을 바라보며
노래하며 가라시네

빛의 길

잠시 머물다가 떠나가는
세상의 길 위에서
어둠의 숲을 지나
만난 빛의 그대는
빛의 길 위에 인도한다

손길

가을이 지나가는 들녘에는
사랑의 손길이
풍성豊盛한 열매를 주었나니
아름다운 내일의 길에
초록빛 생명生命을 주었나니
사랑의 손길은
하늘의 축복祝福이네
하늘의 은총恩寵이네

오늘의 자화상

어둠과 함께 길을 걷고
어둠과 함께 하루를 보내고
어둠과 함께 잠을 자고
어둠과 함께 아침을 맞는다

어둠의 길 위에서
빛의 길을 찾아 헤매고
또다시
빛의 길을 가로막는
어둠과 싸운다

어둠의 길 위에서
빛의 문을 두드려도
빛의 문을 가로막는
어둠의 반란이다

어둠의 길 위에서

빛의 그리움으로 하루를 보내고

빛의 그리움으로 잠을 자고

빛의 그리움으로 아침을 꿈꾼다

4부
그리운 고향

고란초 • 고향 생각 • 고향의 옛집 • 그리운 고향 • 나팔꽃
동작대교를 지나며 • 동해바다의 파도 • 두 얼굴 • 사랑
사모곡 • 여름에는 • 일몰 이후 • 이 밤에
추억 속의 얼굴 • 향수 • 타향의 밤

고란초

파란 강마을이 아니면
진달래가 피는 산마을에서
햇빛보다 차라리 달빛 속에서
잎새를 돋우어 꽃을 피우는 고란초
건드리지 않아도
뚝 끊어질 듯한 몸매는
한 송이 꽃을 피우기 위해
눈물겹도록 어기찬 의지로
지난겨울의 추위를 이기고
당당하게 서서
승리의 노래를 부르고 있다

고향 생각

늦가을 고향 집 뒷산에 오르면
바람에 뒹구는 낙엽들이
젖은 목소리로 안부를 묻고
쓸쓸한 길에 일몰이 고울 때
추억 속의 파란 그리움이
연둣빛 꽃잎으로 피어난다

가슴이 뜨겁게 타던 어느 가을날
빨간 열매로 목걸이를 만들어
하이얀 목에 걸어주고
눈 맞춤도 하지 못하고
돌아서서 지나온 날들이
오늘의 걸음걸이를 붙든다

싸늘한 타향을 떠돌며
스스로 묶은 발목을 풀지 못하고
시린 바람 속을 걸으며

깊은 밤 별빛에 안테나를 걸고
손 편지를 쓰던 날들이 떠오른다

이 가을 낙엽이 떨어지는 소리에
지난날의 추억이 깨어나고
애잔한 그리움이 독백이 되어
답신 없을 안부를
산자락 내려온 구름에게 묻고 묻는다

고향의 옛집

고향 찾아 웬종일 옛집을 찾아 헤맨다
지워졌던 기억이 추억을 열고
잡초 속에 숨어있는 집터를 찾아
그림 그리듯이 그려 놓고
안방의 문을 열어 본다

유년의 골목길을 걸으면
버선발로 뛰어나오실 듯
호수 같은 어머니 얼굴이 나타나고
흔적 없는 옛집
무너진 담장만 돌고 돌며
낯선 골목길만 헤매이듯 걸었네

그리운 고향

황금 들녘 수놓은
코스모스와 고추잠자리
사금파리 소꿉친구 정다운 얼굴
내 눈에 강물을 만들고
바람도 숨죽여 걸어가는 하얀 들길
그 길을 걸어오는
어머니의 얼굴
아 그리운 고향의 그날이
황금 들녘 위에 펼쳐진다

나팔꽃

이른 아침
울타리에 피어 있는
나팔꽃의 미소에서
그리움의 목소리를 듣는다

은하에 모인 별들이
어둠의 하늘을 깨우고
하루를 준비하는
나팔꽃의 미소에서
그리운 사람의 얼굴이 보인다

밤을 지키다 간 별자리에
햇빛 눈부시고
빛살 머금은 나팔꽃을 보며
하늘나라에 계신
어머니의 얼굴도 보인다

아침 해가 눈부셔
고개 숙인 나팔꽃을 보며
꽃길보다 오솔길 걸어
촛불처럼 사셨던
어머니의 마음을 배운다

동작대교를 지나며

전철을 타고
동작대교를 건널 때
창가를 스치는 강 바람에
고향 집의 추억이 살아나고
어머니의 목소리를 듣고 있다

동구 밖 둘러선 팽나무가
앞을 가로막고
노을 머금은 바람이
팽나무 가지를 흔들면
여기에 머물고픈 그리움이
창가를 스치는 강바람에 다시 살아나
고향 집의 대문을 열고 있다

동해바다의 파도

동해바다 파도 소리는
하얀 꽃잎으로 내리는 눈송이
흰나비들 춤을 추듯이
날아오르는 상처의 아픔을 덮고
또다시 펼쳐진 길 위에서
먼 길의 여행을 재촉한다

두 얼굴

어젯밤에 별들이
기울어진 울타리 옆
도라지꽃밭에 내려와 어정거린다
하나는 하얀 얼굴로 쳐다보고
또 하나는 보랏빛 얼굴로 다소곳이
하루 종일 속삭인다

서로 다른 행성의 출신인가
쌓이고 쌓인 앙금을 풀려는 듯
얼굴을 마주하고 눈인사를 한다
할머니의 무덤 앞에도
어머니의 무덤 앞에도
하루 종일 속삭인다

사랑

겨울은 솜이불 속에
봄을 잠재워 놓고
서녘 하늘의 고개를 넘는다
봄은 겨울을 녹여
그 속에 여름을 심어 놓고
어미 물고기가 알을 지키듯
된 볕 아래서 살랑살랑
바람개비로 돌고 있다

사모곡

삶의 험한 고개를
하루에도 몇 번씩
오르고 내렸던 울 엄마
밤낮없이 우리 집의 눈물을
가슴으로 닦았다

삶의 사나운 바람을 이고 지고
휘파람새 울음으로 살았던 울 엄마
망망한 바다에 뜬 섬이듯
밭이랑에 엎드렸던 울 엄마

허리 한 번 펴지 않고
호미 든 손 신들린 듯
종일 황무지를 일구는 울 엄마

삶의 비바람이 멈춘 오늘은
아랫목 따뜻한 방에

앉아 계시지 않고
고단한 삶의 아픔을 이고 지고서
멀리 떠난 울 엄마
밤새워 보고 싶은 오늘이다

여름에는

여름에는
장미꽃과 이야기하리라
요정의 나라처럼
담장은
붉은 비단을 두르고
환한 웃음으로 인사하는
장미꽃 곁에 있고 싶어라

여름에는
풀꽃들과 이야기하리라
고향 집 뒷산에 올라
푸른 들판과 바다를 바라보며
싱그러운 솔바람에 졸고 있는
풀꽃들의 숨소리를 듣고 싶어라

여름에는
모깃불을 피운 평상에 앉아

기웃거리는 유년의 얼굴들과
밤새도록 이야기하리라
지난날의 길 위에서
꿈꾸던 나를 보고 싶어라

일몰 이후

서녘 하늘 해 질 무렵
이 세상을 떠나는 고개 위에서
어떤 눈빛으로 다가와
나의 손을
다정스레 잡아 줄까

날마다 꿈꾸던
꽃송이 가득 안은 빛의 손
세상의 바람 속에서
상처투성이의 나를
다정스레 맞아 줄까

세상의 파도 속에
여저기 휩쓸리다가
저만치 보이는
마지막 고개 앞에서
아직도 세상의 바람이

흔들고 있는 오후

저 고개 너머
빛의 마을에서
나를 부르는 목소리
다정스레 들려오고 있다

이 밤에

간이역 지붕 위로
노을이 타오르고
해가 저 산을 넘으면
별은 눈을 부빈다

어둠 속에서
빛나는 저 별은
가난 속에서
모진 세월을 이겨낸
어머니의 얼굴

이 밤에
별이 주는 황홀
다함없는
하늘의 축복이다

추억 속의 얼굴

고향 마을 우물가 빨래터의 정겨운 풍경
서산을 휘감은 붉은 노을 속에서
그리움의 얼굴들이
꽃처럼 피어나고 있네
고향을 떠올리면 눈에 젖은
잊을 수 없는 얼굴들이
그날들의 정겨운 이야기 속에
꽃처럼 피어나고 있네

향수

별 따라 흐르는 고요 속에서
창가에 달빛이 기대이면
꿈속이듯 고향 집이 보이고
유년의 발자국 소리 스민 골목에
가득한 귀뚜리 울음소리

추억 속에 잠든 고요의 시간
세월 속에 잠들었던 초록 이야기
창가에 수런거리고
어머니의 고달픈 눈물은
오늘의 메마른 가슴을 적셔오네

청포빛 그리움 속에
잠자는 무지갯빛 이야기
고요 속에 흐르고
눈물 강 흐르는 가슴을
이리도 아프게 때리는가

수많은 세월을 모아놓은 듯
파도처럼 밀려오는 슬픔을
홀로 달래며
눈물로 넘는 고갯마루
유년의 얼굴들이 떠오르네

타향의 밤

낯선 땅 찬바람 부는
홀로 길 걸으면
고향 생각 밀물처럼 밀려오고
이따금 들려오는 부엉새 울음소리
선잠을 흔든다

꿈속은 고향 집
눈떠 보면 낯선 타향
고향 소식을 잊은 지도 오래
아득한 호수 위로
달빛 머금은 물안개
창문을 열면 돛단배만 출렁인다

 해설

빛의 세계 지향과 낭만적 추억의 노래
– 윤병춘 제2시집 『길 위의 노래』

임영천(문학평론가·조선대 명예교수)

어머니, 어머니! 거북이처럼 뛸래요

　윤병춘 시인의 제2시집 『길 위의 노래』가 출간된 것을 기쁘게 생각하며, 동시에 축하를 드린다. 윤 시인과 직접 면대한 적이 아직 없었던 필자는 그분에 대하여 조금이라도 알아보기 위해 다른 전적들을 살펴보아야 했다. 그러나 문단 데뷔가 그리 오래되지 않아 그분에 대한 기록이 별로 발견되지 않았다. 그의 첫 시집 『빛의 그리움』(2021)과 창조문예 산문선·2 『어머니 교과서』(2024) 등에서 그에 관한 사항을 다소나마 살펴볼 수 있었다. 필자의 관심을 크게 끌었던 것은 『어머니 교과서』에 실린 그의 산문 「때늦은 후회」란 작품이었다.

　나는 이 수필이 그의 모든 것을 말해 주는 살아 있는 자료라고 생각되었다. 그는 그의 어머니의 빈자리를 그렇게 아쉬워할 수가 없어 했다. 요즈음은 이상한 풍조가 생겨서 양친이 돌아가시기를 걸기대하는 사람들도 많은 세상이 되어 버렸는데, 그 이유는 부모의 재산을 탐내기 때문이다. 조급해진 나머지 불법으로 재산을 이어받기 위해 인륜에 어긋난 행동을 하는 자들도 많다는 사실을 알고 있는 우리(나)로서는 효심이 넘치는 윤 시인의 산문 「때늦은 후회」에 대하여 크게 감동받지 않을 수 없었다.

　그의 그 마음, 곧 효심은 그의 첫 시집 『빛의 그리움』의 앞머리[冒頭]에 무려 다섯 편의 사모곡들을 연달아 싣게 만들었다. 「어머니의 시간」, 「어머니의 아침」, 「어머니의 미소」, 「어머니의 사랑 1」, 「어머니의 사랑 2」, 이렇게 다섯 편을 말이다. 앞서 말한 그의 어머니의 죽음과 부재不在에 대한 '때늦은 후회'가 결코 단순한 수사가 아니었음을 보여 주는 문학적 증거라고 보겠다. 그런데 그 자신의 불효(?)에 대한 '때늦은 후회'는 단지 그 '효심으로의 견인'에 그치지 않고 예술적(문학적) 방향으로도 이끌리어(견인되어) 결국 좋은 시 작품을 창작해 내는 쪽으로 발전되지 않았는가 여겨진다. 최규창 시인은 이 현상을 일컬어

'늦바람'이란 말로 표현한 바 있다.[1]

   필자는 그(윤 시인)의 '늦은 후회'가 다소 엉뚱하게도 '문학의 늦바람'으로 연결되는 기현상이 일어났다는 쪽으로 풀이하고픈 유혹에 끌린다. 어떻든 효심으로의 강한 복귀든, 문학 쪽으로의 다가감이든 모두 긍정적인 결과에 이르렀다고 보아 틀림이 없을 것 같다. 그가 첫 시집의 「시인의 말」에서 이렇게 술회하고 있는 것은 그의 다짐과 각오가 어느 정도인가를 확연하게 보여 주고 있는 바라고 나는 보고 있다. 그는 단순히 그렇게 술회하고 있는 것이라 할지라도 그것은 그대로 하나의 강한 다짐이요 또한 견고한 각오라고 나는 읽고 있다는 뜻이다.

   남들은 꽃을 피울 때
   나는 깊은 겨울잠에 취했고

   모두가 싱그러운 그늘에서 즐겁게 노래할 때
   나는 이제야 눈을 비비며 신발 끈을 매고 있다.

---

[1] 최규창, "고향과 자연, 하나님 앞에 귀의하는 삶 추구", 『빛의 그리움』(시선사, 2021), p.86.

> 남들은 화려한 무대에서 춤을 추는데
> 이제 나는 겨울 안개 속에 피는 작은 동백 봉오리
> 이다.
> ─ 첫 번째 시집 『빛의 그리움』, 「시인의 말」
>   전반부

　시인은 여기서, 한마디로 "모두 나보다 앞서 뛰기 시작했는데, 나는 이제야 일어나 신발 끈이나 매고 있으니 어이하리!" 하고 한탄하고 있다. 그러나 그 한탄이 단지 한탄만으로 들리지 않고 "어디 두고 보자" 하는 식의 다짐이나 각오로 들리는 것은 어인 일인가. 어쩌면 이 각오나 다짐은 앞장서서 뛰는 토끼들에 대한 거북이의 뒤늦은 대응이 아닐까 생각되어 앞날이 궁금해지는 바 매우 크다. 그리고 그 3년 뒤에 이 제2시집을 들고 나온 것이다. 등단한 지 3년 만에 처녀 시집, 그리고 그 뒤 3년 만에 두 번째 시집! 글쎄 그의 행보가 독일 철학자 칸트의 아침 산책 때의 규칙적인 행보처럼 정연하고 질서 있게 진행된다면 또 어떤 결과가 나올지 지금부터 궁금해진다. (이 궁금증은 시인의 연세가 지금 80대 중반이란 문제와도 관련이 있다.)

자연, 특히 '물'에서의 교훈

두 번째 시집 『길 위의 노래』의 머리말, 곧 「시인의 말」 속에서 윤 시인은 '자연'을 매우 강조하고 나선다. "자연은 스승이며 좋은 친구"라 하면서, 자연은 "아낌없이 내어주는 어머니의 마음처럼 진솔한 이야기를 들려준다"고 하였다. 또한 "거짓 없는 자연 속에서 고뇌하고 사유하며, 열매로 얻은 것이 이번 시집"이라고 단언하기도 하였다. 마지막으로 "자연은 거짓이 없고 진솔한 이야기를 들려주기 때문"에 자연을 벗하는 삶을 살 것과 그 속에서 문학적 결실도 얻을 것임을 다짐하였다. 그 「시인의 말」에서 언명했던 바처럼, 이 전숲 4부로 구성되어 있는 이 시집 중의 제1부 〈별들의 일상〉을 참고로 들여다보면 참으로 모두가 '자연'에 관한 이야기이거나 '자연'과 관련된 이야기들임을 확인할 수 있다.

그 제목만 보아도 그 사실이 확인된다. 「가을 산에 오르면」, 「가을 풍경」, 「꽃과 별들의 노래」, 「냇가에서」, 「눈 내리는 밤길」, 「늦가을의 코스모스」, 「단풍」, 「담쟁이의 하루」, 「무거운 세월 속에서」, 「물의 생애」, 「민들레의 울음」, 「바닷가에서」, 「별의 일상」, 「산책로의 민들레」, 「이슬」, 「호수」 등 제1부 전체 16편의 시들이 모두 자연을 제목으로 삼고 있음이 확인되는 것이다. 그렇다면 우리 독자들은 그 풍성한 자연의 식탁 가운데로 빠져들어 가기만 하면 되겠구나 하는 생각이 든다. 제1부 〈별들의 일상〉 중의 두어 작품들을 골라 감상해 보기로 하겠다. 먼저 「냇가에서」 한 편을 보기로 한다.

　　냇가의 물빛이
　　거울처럼 맑은 것은
　　대지의 심장을 뚫고
　　오늘도 새롭게
　　태어나기 때문이다

　　거친 바람이
　　할퀴고 흔들어도
　　웃음으로 넘기는 것은
　　바다 같은 가슴으로
　　품어주기 때문이다

　　오늘은 냇가에서
　　타향살이 아픔을 씻고
　　환하게 웃는 것은

어머니의 품처럼

　　포근하기 때문이다

　　냇가에 앉아 있으면

　　오늘의 나는

　　내가 아님을 보고 있는 것은

　　유년의 얼굴들이

　　기웃거리기 때문이다

　　　　　　　　　　―「냇가에서」전문

　첫 연에서 "냇가의 물빛이 / 거울처럼 맑은 것은 / 대지의 심장을 뚫고 / 오늘도 새롭게 / 태어나기 때문이다"라고 하였다. '자연'을 찬양하는 시편들 중에서 '냇가의 물빛'을 묘사하는 가운데 그것이 거울처럼 맑다고 하는 데(직유의 표현)에는 굳이 특유의 표현이랄 것까지는 없다고 말할 수 있을는지 모르겠지만, 그 현상이 "대지의 심장을 뚫고 / 오늘도 새롭게 / 태어나기 때문이다"라는 식으로 바라본 데에는 놀라운 생태학적 상상력이 작용했기 때문으로 보인다. 우리의 생활 체험―어린 시절의 향촌 생활 체험을 포함해―에 의하면, 실제로 냇물은 결코 마르지 않고 그 거울같이 맑은 빛깔을 띠면서 끊임없이 흐르곤

하였다.

　그러나 그 냇물이 왜 끊이지 않고 흘러가고 있는지 의문이라도 품어 본 적이 있었는지 우리 자신에게 물어본다고 한들 그 시원한 답을 기대하기가 어려울 것이다. 그것은 화자(윤 시인)처럼 심원한 생태학적 상상력을 발휘하기가 어려웠기 때문으로 보인다. 그러나 시인은 놀라운 상상력으로 그 물 흐름의 근원이 '대지의 심장'에서부터란 사실을 인식하고 그것이 끊임없는 펌프질을 하는 이상 물은 새롭게 흐르기 마련이다, 라고 시적으로 형상화하고 있는 것이다. 대지를 어머니로, 또는 어머니의 품으로 보는[2] 데에는 이제 이론異論이 필요 없는 시대에 우리는 지금 살고 있으므로 마치 어머니의 유방에서 끊임없이 젖을 생산해 내는 것처럼 물도 자신의 생명력을 끊임없이 발휘하게 될 때 그 물길은 끊이지 않고 흐를 것이 아니겠는가.

　제2연에서 보듯이, 거친 바람결에도 냇물은 넓은 어머니의 가슴처럼 개체를 품어 주기 때문에, 그대로 제3연의 풍경이 그려질 수 있는 것이겠다. "오늘은 냇가에서 /

---

[2] J. E. 러블록, 『가이아-생명체로서의 지구』(범양사출판부, 1990), p.13에 지구를 대지(Mother Earth)라 한다고 나와 있다. 지구를 '어머니인 지구' 또는 '어머니로서의 지구'라고 부른다는 뜻이겠다.

타향살이 아픔을 씻고 / 환하게 웃는 것은 / 어머니의 품처럼 / 포근하기 때문이다"라고 했으니, 이에 무슨 설명이 뒤따를 필요가 있겠는가. 아무리 타향에서의 세상살이가 힘들고 어렵더라도 귀향하는 길에, 또는 귀갓길에 냇가의 언덕에 앉아서 흐르는 맑은 물을 바라보고 있노라면 모든 시름이 달아나는데, 그것은 그 냇가의 흐르는 물결이 마치 어머니의 품처럼 포근해서 다른 모든 시름들을 잊게 하기 때문이란 것이다. 많은 사람들이 공감하는 시연詩聯이라고 보겠다.

이제 마지막 연에 이르렀다. "냇가에 앉아 있으면 / 오늘의 나는 / 내가 아님을 보고 있는 것은 / 유년의 얼굴들이 / 기웃거리기 때문이다." 이 대문 또한 쉬운 서술 문장인 것 같으면서도 실은 오묘한 내용을 포함하고 있는 놀라운 시적 표현임에 틀림없다. 냇가에 앉아서 냇물이 흘러가는 모습을 보고 있노라면 '오늘의 나는 내가 아니다'란 자각에 이르게 되고, 그 사실의 인식이 어디에 기인한 것이었던가, 스스로 자문해 보았더니 그것은 오늘의 내 얼굴에 지난 유년 시절의 얼굴들이 겹쳐 나타난 때문이라고 하였다. 여기서 지난 '유년 시절의 얼굴들'이라고 할 때에는 그것이 두 가지의 의미가 겹쳐 나타나는 중의법적重義法的 표현일 수 있겠다.

하나는 '나의 유년 시절의 얼굴(들)'일 수가 있겠고, 또 하나는 '벗들의 유년 시절의 얼굴들'일 수도 있겠다는 것이다. 그러면 시 속의 이야기는 이 둘 중의 어느 것에 속하겠느냐고 물었을 때, 답은 결국 같은(동일한) 것일 수밖에 없겠다. 어린 시절의 죽마고우들은 별 수 없는 일신동체—身同體들이었을 테니까 말이다. 그래서 냇가에 앉아 있으면 "오늘의 내가 결코 '내가 아님'을 알아보는 것은 유년 시절의 얼굴들, 곧 천진난만하고 무흠無欠했던 때의 그 얼굴들이 언뜻언뜻 떠오름으로써, 지금의 온갖 세사에 찌든 나의 이 얼굴이 지난 그 순진무결하던 때의 얼굴(들)이 아님을 알아보게 만들어 서글퍼진다"는 정도의 문의文意로 받아들일 수 있을 것이다. 독자들의 처지에서 보자면, 화자(윤 시인)의 시심詩心이 그만큼 맑다는 것의 한 다른 표현이라고 볼 수 있겠다.

다음으로 「물의 생애」란 작품을 살펴보기로 하겠다.

> 물은 언제나 울음을 삼켜 태연한 모습이다
> 물은 우주의 소리를 모아
> 하늘의 목소리로 노래 부르고
> 불의의 곁에는 신발도 벗지 않는다
> 물의 손에는 가시가 없고

탓하지 않는 마음으로 맞이한다

부딪치고 깨어지고 몸부림치며
가다가 서면 강이 되고
낮은 데서 고개 숙이며
출신을 부끄러워하지 않고
공로를 내세우지 않는다

물은 미움을 모르기에 적이 없다
물은 전술을 배우지 않고도
바다를 호령하고 지구를 지킨다
어떤 장수의 칼도 벨 수가 없다
물은 높은 곳의 출신일수록
빨리 무릎을 꿇고
땅에 엎드려 초록으로 출렁인다
—「물의 생애」 전문

「물의 생애」라, 재미있는 시 제목이다. 어디서 이런 제목, 아니 유사한 제목의 시라도 본 것 같지가 않다. 이 시는 물의 속성을 인간의 생애, 곧 사람의 일생과 관련시켜 의인법적으로 표현한 작품이라고 볼 수 있다. 물이 어떤 속성을 지녔는지 이 작품을 통해 다시 한번 확인해 볼 수도 있으리라. 그러나 시가 자연과학적 진술을 하는 어떤 방책의 한 가지라고 할 수는 없을진대 우리 문학 독자들이 그런 방향의 서술에는 크게 움직이지 않을 것 같다. 그렇다면 다음으로 생각해 볼 수 있는 것이, 바로 물이 여기서 인간의 비유로 쓰이고 있지 않나 하는 생각이다. 그렇다면 인간은 물처럼 이렇게 살아야 한다, 또는 사람은 물처럼 이렇게 살아가는 한 생애를 실제로 보내야 한다는 식의 교시적敎示的 효과를 이 시를 통해 기대해 볼 수도 있을 것이다.

그런가 하면, 이런 방향의 확대 해석도 가능할 것이다. 한 사회의 지도자, 또는 한 국가의 통치자의 위치에 있는 사람은 이 시에서의 '물'과 같은 삶을 살아야 한다, 또는 그와 같은 한 생애를 보내야 한다는 식의 교훈도 얻게 될 수 있다고 보는 것이다. 그러면서도 필자는 이 시 속에서 이런 경향도 들여다볼 수 있었다는 점을 지적하지 않을 수 없다. 여기서 '물'은 바로 시인(화자) 자신이라는 것이다. 다시 말하면, 시인이 자신은 물의 속성처럼 그렇게 살아왔다는 점을 이제, 스스로 확인하고 싶어 한다는 것이다.

나아가서는 자신이 지금껏 '물'과 같이 그렇게 살지를

못했다, 라고 가정한다면, 앞으로는 그렇게 살기 위해 노력하겠다고 스스로 다짐하는 표현이기도 하다는 것이다. 달리 말해 과거의 '반성'과 앞으로의 '각오'를 이 시 속에서 함께 읽을 수 있게 해 놓았다는 것이다. 그러나 시인은 이렇게도 주문하는 것은 아닐까 여겨진다. 지도자, 아니 통치자들이여, 제발 좀 물처럼 살아가는 방식을 배워 이 사회(나라)를 부드럽고 원활한 공간으로 만들어 주세요, 라고 간청하다시피 하는 것으로도 들려오고 있다고 생각된다.

시의 제1연은 "물은 언제나 울음을 삼켜 태연한 모습이다"로 시작한다. 물이 언제나 울음을 삼켜 왔으며 또한 태연한 모습이라고 했는데, 물이 울음을 삼켜 왔다는 것은, 여기서 물이 사람의 은유라고 볼 때, 그에게 너무도 억울한 일이 많았다는 것이며, 그럼에도 불구하고 언제나 자중하는 삶, 태연한 모습으로 슬기롭게 그런 국면에 잘 대처해 왔다는 것이면서, 어쩌면 달리 무슨 해결책이 따로 있었겠느냐는 반문 투의 질문이 함께 따르는 것 같은 분위기를 조성하기도 한다. 사실 알고 보면 '물' 같은 필부필부, 장삼이사들이 현실에 잘 적응하며 살아가는 데에는 울음을 삼켜 가며 태연히 살아가는 방법 외에 무슨 다른 삶의 방식이 따로 있는 게 아니었다고 보겠다.

또한 "물은… 불의의 곁에는 신발도 벗지 않는다"고 하였다. 인간이 억울한 일에 슬기롭게 대처하며 살아가는 것도 중요한 일이겠지만, 잠깐의 잘못된 판단으로 불법과 불의가 판치는 마당의 한쪽 구석에라도 기웃거렸다가는 지금껏 유지해 온 순수무구의 이미지마저 무너뜨려지지 않을까 심히 우려되는 것이다. '물의 손에는 가시가 없다'느니, 또는 남을 '탓하지 않는다'는 표현 등이 시인의 그런 순박한 일상적 삶이 자연히 연상되는 시구詩句라고 보겠다.

제2연, "부딪치고 깨어지고 몸부림치며 / 가다가 서면 강이 되고 / 낮은 데서 고개 숙이며 / 출신을 부끄러워하지 않고 / 공로를 내세우지 않는다." 세 번째 행까지의 표현에 의하면 이는 '물'의 자연스러운 움직임으로 보이지만, 그다음의 "출신을 부끄러워하지 않고 / 공로를 내세우지 않는다"는 표현에 이르면 이는 확실히 '물'만의 이야기가 아니라 인간에 관한 것이기도 하다는 게 확실해진다. 물처럼 무욕으로 살아가면서 자신의 출신이 무엇이든 그 사실을 부끄러워하지 않고, 또 사는 동안 조그마한 무슨 공로가 있다고 하더라도 그것을 침소봉대하듯 내세우지 않고 살아가는 순정미 넘치는 인간들에 대한 예찬이요, 동시에 그들에게 그렇게 살기를 당부하는 일종의 권고문이기도 하다.

제3연은 "물은 미움을 모르기에 적이 없다"로 시작하고 있다. 이는 인간에 대한 은유적인 표현임이 확연하다. 물은 중성적인 자연물이므로 인간의 중뿔난 정서처럼 미움이란 것을 알지 못한다고 하였다. 인간은 전술 전략을 배워 세계를 호령하지만, 물은 그런 걸 배우지 않고도 바다를 호령하고 지구를 지켜 나가는 데 부족함이 없다고 하였다. 또한 어떤 장수의 칼이라도 그 물을 결코 벨 수가 없다고도 하였다. 속담인 "부부 싸움 칼로 물 베기"란 말도 있지만, 아무리 강자(장수)라고 하더라도 '칼로 물 베기'의 결과처럼 그 목적(공격)에 따른 효능이 결코 쉽게 나타나게 할 수는 없다는 것이다.

이 연의 마지막 행들 "물은 높은 곳의 출신일수록 / 빨리 무릎을 꿇고 / 땅에 엎드려 초록으로 출렁인다"가 더욱 의미심장한 표현인 것 같다. 여기서의 의인법적(및 은유적) 표현에 의할 때, 시인은 이 시의 마지막을 더욱 분명하게 물 아닌 인간에게 주는 말로 끝내려고 한다. 지위 높은 인간일수록 남 앞에 겸손하게 행동하고, 낮은 이들을 정성으로 공대하면 세상은 초록 빛깔의 미래지향적인 낙원(생태공원)으로 변하리라는 희망과 믿음을 피력했다고 보지 않을 수 없다. 어찌 보면 "부드럽고 약한 것이 단단하고 강한 것을 이긴다"고 하는 노자老子 도덕경의 정신이, 의도적이었건 아니었건, 이 시에는 편만하게 (전반적으로) 깔려 있지 않나 하는 판단이다.[3]

5·18과 10·29에 대한 묵상/묵념

다음은 제2부 〈꽃 가꾸기〉 중의 「무등산에 올라」와 「신발」 등의 작품들을 함께 다루어 보고자 한다.

얼마나 정이 깊어
어깨동무 풀지 않을까
누구도 비집고 끼어들 수 없는 틈새
종횡대로 방어선 짜던 아픈 그날
빛고을을 지키려는 확고한 의지
태울 듯이 이글거리는 눈빛
화약 냄새 역겨운 도청 앞 광장
빛고을을 지키려는 애달픈 절규
평화를 찾고자 지르는 함성

---

3) 그렇다고 기독교 정신이 노자 도덕경의 그 정신과 결코 상치되는 것은 아니다. ANC 온누리교회 목사 김태형, "하나님 나라에서는 연약함이 곧 강함", 《한국일보》 시카고 편, 2024년 11월 14일 자, A8쪽 참조.

화약 냄새에 취해 비틀거리는 햇살
아픈 그날의 일기장을 읽고 있네
　　　　　　　　―「무등산에 올라」 전문

누가 신었던 걸까
신발이 너부러져 있네
골목 어귀에
그 아래 계단 밑에
작은 벚꽃나무 옆에
주인 잃은 신발
눈뜬 상표는 선명한데
저 신발의 임자는 누구일까
그는 구름 모자를 썼다
그는 바람의 옷을 입었다
목 터지게 부르니 그는 사라지고
차디찬 바람만 스치고 간다
무슨 급한 소식 있어
못다 핀 천사 같은 봉오리들
신발도 벗은 채
저들은 지구별을 떠났을까　　―「신발」* 전문

*이태원 참사 당시의 처참한 모습.

앞서의 제1부의 시들이 '자연'에 대한 시인의 관심을 다대하게 표현한 것이었다고 한다면, 지금 보게 될 제2부 중의 두 시편들은 '사회' 문제에 대한 시인의 관심이 심대함을 보여 준다고 할 수 있다. 둘 중의 첫 번째 작품 「무등산에 올라」는 지난 5·18 광주민주화운동(광주민중항쟁)과 관련된 시편이고, 두 번째 작품 「신발」은 소위 10·29 이태원 참사 문제와 관련된 시편이라고 보겠다. 5·18 민중항쟁이건 10·29 이태원 참사 문제이건 모두 우리에겐 중대한 국가적 레벨의 일대 참상(慘事)이었던 것으로 기억되고 있다.

그 결과 5·18 항쟁 문제와 관련된 운문·산문 형식의 문학 작품들이 대대적으로 산출되었는데, 최근에는 이 문제를 제재題材로 삼아 한 편의 장편소설로 형상화한 한강 작가의 『소년이 온다』(2014)가 훌륭한 외국의 번역자를 만나 우리나라 초유의 노벨문학상을 수상하는 영예를 안게 되는 일까지 생기게 되었던 것이다. 그만큼 5·18 항쟁의 문제는 이제 우리의 국가적 울타리를 넘어서 전全세계적 관심거리로 부상하게 되었다고 할 수 있다. 이런 문제와 관련된 문학적 결실(첫 노벨문학상 수상작)에 대하여 무턱대고 왈가왈부하는 것은 마치 제 살을 깎아먹는 것 같은 부끄러운 일은 아닌지 곰곰이 생각해 보아야 할 일이다.

그리고 10·29 이태원 참사 문제와 관련해서도 이제 와서는 문학적인 결실들이 많이 쌓이기 시작하고 있다, 라고 말할 수 있다. 다수의 시인들이 참여해 한 권의 단행본으로 탄생시킨 결실로 '땅에서 갑자기 사라진 사람들의 이야기'라는 부제副題가 붙은 『이태원의 호호캄』(2023)이란 시집을 들 수 있다. 여기 호호캄이란 말은 부제 속의 '갑자기 사라진 사람들'과 맞먹는 중남미 인디언 말이라고 한다. 그래서 그 시집의 이름 속에는 '이태원에서 갑자기 사라진 사람들'이라는 의미가 암암리에 들어 있다고 볼 수 있다. 그러므로 이 문제와 관련해 많은 이들이 관심을 갖고 애도를 표하거나 추모를 하는 일은 인지상정에 속한다고 할 것이다.

「무등산에 올라」의 마지막 행들 "화약 냄새에 취해 비틀거리는 햇살 / 아픈 그날의 일기장을 읽고 있네"를 보면, 화자는 5월 18일 아팠던 그 날의 일기장을 열어 보며 그때의 항쟁 열기를 다시 회억回憶하는 것 같다. 그러나 이런 내용의 일기장은 은폐된 공간 안에서 읽기보다는 확 트인, 빛고을(광주)의 대명사인 무등산에 올라서 그걸 열고, 읽어 보는 것이 더 의미가 있다, 라고 생각해 지금 그 무등산 자락에 걸터앉아 그날의 '의지'와 열기('절규')를 재확인해 보는 것이겠다. "빛고을을 지키려는 확고한 의지" 및 "빛고을을 지키려는 애달픈 절규" 등의 시구詩句에서 그 점이 강고하게 나타나 있는 것 같다.

「신발」이란 작품은 누가 신었던지 모를 신발들이 그날 모처의 계단 밑에, 또는 작은 벚꽃나무 옆에 널브러져 있는 것을 보게 된 화자가 "저 신발의 임자는 누구일까" 궁금해 하며 막연하게나마 목 터지게 그 임자를 불러 보았으나 "그는 사라지고 / 차디찬 바람만 스치고" 지나갔다고 하였다. 이에 덧붙여 일으킨 화자의 아래와 같은 웅숭깊은 반응이 매우 의미심장하게 들린다. "무슨 급한 소식 있어 / 못다 핀 천사 같은 봉오리들 / 신발도 벗은 채 / 저들은 지구별을 떠났을까." 못다 피어난 천사 같은 꽃봉오리들이 어디서 불러 댄 무슨 급한 소식이라도 있었던지 저렇게 신발도 벗어 버린 채 황망히 지구별을 떠나갔을까, 참으로 안타까운 일이다.

윤찬모 작가가 『꿈으로부터의 고백록』[4)]이란 소설 작품 속에서 주인공 양세우 씨의 과년한 딸들이 모처에서 압사당할 만한 압력(압박)에 못 견뎌 "아빠, 숨 막혀!"라고 부르짖는 전화를 해 오자, 아내(애들의 엄마)가 그 전화를

---

4) 《월간문학》 2023년 2월호(통권 제648호)에 발표된 단편소설.

뺏어 들고 "거기 어디야. 뭐라고? … 언니들은? 당장 집으로 오지 못해?" 외쳤으나, 그 후로는 "엄마, 숨 막혀!"란 그 말 한마디조차 남기지 못한 채 그들 모두가 저나라로 가 버린 이야기[5]를 남겨 놓았다. 어머니는 딸들에게 "당장 집으로 오지 못해?"라고 외쳤으나, 그들은 다른 데서 찾는 무슨 급한 소식이라도 있었던 양 일제히 그곳으로 달려가 버리고 말았던 것이다. 그들이 바로 이태원 참사의 주역들이었다니, 하늘마저 무심하지 않은가.

밝은 빛의 세계를 지향하며

다음으로 제3부 〈그대의 사랑〉 중의 한 작품 「오늘의 자화상」에 대하여 살펴보고자 한다.

어둠과 함께 길을 걷고
어둠과 함께 하루를 보내고
어둠과 함께 잠을 자고

---

5) 임영천, "…압박과 피압박의 의미". 《농민문학》 제122호(2023. 봄), p.314 이하 참조.

어둠과 함께 아침을 맞는다

어둠의 길 위에서
빛의 길을 찾아 헤매고
또다시
빛의 길을 가로막는
어둠과 싸운다

어둠의 길 위에서
빛의 문을 두드려도
빛의 문을 가로막는
어둠의 반란이다

어둠의 길 위에서
빛의 그리움으로 하루를 보내고
빛의 그리움으로 잠을 자고
빛의 그리움으로 아침을 꿈꾼다
―「오늘의 자화상」전문

  이 시는 제목부터가 자기(화자)의 모든 것을 누구엔가 보여 주겠다는 각오로 시작되고 있다. 그런데 자화상 치고는 첫 연이 매우 돋을하다. "어둠과 함께 길을 걷고 / 어둠과 함께 하루를 보내고 / 어둠과 함께 잠을 자고 / 어둠과 함께 아침을 맞는다." 그의 하루 전체가 '어둠과 함께' 동행하는 일과이다. 마치 회개하기 전 아우구스티누스의 막된 청년 시절과도 같다. 그러니 모든 것이 '어둠과 함께' 진행되는 수밖에 다른 길이 따로 없겠다.

제2연은 그러나 어둠의 세계와 맞붙어 용약분투勇躍奮鬪하는 이(화자)의 무용담이 전개되는 듯하다. "어둠의 길 위에서 / 빛의 길을 찾아 헤매고" 있다니 옆에서 응원이라도 해 주어야 할 처지이지만, "또다시 / 빛의 길을 가로막는" 어둠의 세계가 나타나므로 그 세력과 맞서 싸우지 않으면 안 되는 처지이다. 제3연도 믿음의 용사에겐 오십보백보의 실황이다. 어둠을 헤쳐 나가기 위해 '빛의 문'을 두드려 보았으나 그 문을 가로막는 어둠의 세력의 반란 때문에 용사는 아무래도 무력해질 수밖에 없다.

마지막 연에 이르러 믿음의 용사의 진면목이 드러나고 있다. 용사는 제2연에서, '어둠의 길 위에서' 빛의 길을 막는 그 어둠과 싸웠고, 제3연에서도 '어둠의 길 위에서' 빛의 문을 두드려 보았으나 어둠의 반란 때문에 득의하지 못했지만, 막바지인 제4연에 이르러서는 어쩔 수 없이 '어둠의 길 위에서' 빛의 그리움으로 하루를 보내고, 빛

해설 125

의 그리움으로 잠을 자고, 또한 빛의 그리움으로 아침을 꿈꾼다고 한 것이니, 이는 어두운 죄악 세상과 싸워 이길 능력은 없다고 하더라도 밝은 빛의 세계를 바라보고(지향하고) 그 세계가 이루어지는 날에 대한 소망('빛의 그리움')을 지닌 채 그런 꿈을 꾸면서 살아가는 소박한 신앙인이 되고 싶다는 하나의 바람[望]이라고 보겠다.

이 시편은 기본적으로 신약성서 중의 에베소서 6장(10-17절)의 말씀에 주로 의탁하고 있는 것으로 보인다. 사도 바울도 "우리의 씨름은 혈과 육을 상대하는 것이 아니요 통치자들과 권세들과 이 어둠의 세상 주관자들과 하늘에 있는 악의 영들을 상대함이라"(엡 6:12)고 하였으니, 믿음의 용사들의 이 씨름이 불가불 어둠의 세력의 되치기('반란')에 속절없이 당할 수 있으리란 것은 어느 정도 수긍되는 일인 것 같다. 그러나 신앙 용사들은 '하나님의 전신 갑주'(엡 6:11, 13)를 입고 악의 영들과 싸워 이길 희망 속에서 살아가야 할 것이다. 그러므로 이 시는 그리스도인의 실존에 대한 깊은 고뇌가 엿보이는 작품이라고 할 것이다.

낭만적인 추억의 노래

다음은 제4부 〈그리운 고향〉 중의 한 편 「여름에는」
이란 작품에 대해서이다.

여름에는
장미꽃과 이야기하리라
요정의 나라처럼
담장은
붉은 비단을 두르고
환한 웃음으로 인사하는
장미꽃 곁에 있고 싶어라

여름에는
풀꽃들과 이야기하리라
고향 집 뒷산에 올라
푸른 들판과 바다를 바라보며
싱그러운 솔바람에 졸고 있는
풀꽃들의 숨소리를 듣고 싶어라

여름에는

모깃불을 피운 평상에 앉아
기웃거리는 유년의 얼굴들과
밤새도록 이야기하리라
지난날의 길 위에서
꿈꾸던 나를 보고 싶어라

―「여름에는」 전문

 독자 편에서 보아 가장 편안하게 대할 수 있는 작품이라고 볼 수 있겠다. 어찌 보면 가장 낭만적인 분위기에 둘러싸인 시편이라고 보아도 좋을 것이다. 전남 강진 출신의 시인으로서 선배 시인인 김영랑(1903~1950)의 서정시를 연상시키는 면도 적지 않은 그런 작품을 산출했다고 보고 싶다. 그만큼 이 시에는 순수 서정의 세계 그 이외의 것들은 설 자리가 별로 없는 그런 문예물로 보인다. 필자의 견해로는 윤병춘 시인이 가장 선호하는 유형의 시 작품이라고 보아도 좋을 것 같다.
 이 시편 속에서는 시간과 공간이 서로 정연하게 만나고 있다. 초·중·장 3개 연聯 가운데에서 가장 큰 시간으로 나타난 것은 '여름'이다. 그 여름이 3개 연의 선두 자리에 모두들 나타나고 있으니 말이다. 그 시간 여름은 각기 별개로 설정된 다른 연에서의 공간들과 또 서로 만난다.

제1연에서는 시간 여름과 공간 '요정의 담장'이 만나고, 제2연에서는 시간 여름이 공간 '고향 집 뒷산'과 만나며, 제3연에서는 시간 여름과 공간 '모깃불 평상'이 만나는 셈이다. 그렇게 시간의 세계와 공간의 세계가 정연하게 서로 조우하는 편이다.

여름(첫 번째)엔 요정의 나라에서처럼 붉은 비단을 두른 담장과 만나 그 담장을 에워싼 장미꽃들의 옆에 있고 싶다고 했으니, 화자는 지금 동화의 나라에나 와 있는 셈이다. 또 여름(두 번째)엔 고향 집 뒷산에 올라 푸른 들판과 바다를 바라보며 풀꽃들의 숨소리를 듣고 싶다고 했으니, 화자는 근본적으로 천연 그대로의 자연에 대한 사랑이 극진한, 그러면서도 실익 추구에는 언제나 뒷전으로 밀리는 그런 인물로 보인다. 또한 여름(세 번째)엔 모깃불 피운 고향 집 평상에 앉아 죽마고우들과 얼굴을 맞대고 달콤한 미래를 꿈꾸던 그 흘러간 지난날을 추억해 보고 싶다 했으니, 그 역시 어떤 면에선 한단지몽邯鄲之夢의 꿈이나 꾸고 사는 필부필부임에 틀림없다는 느낌이다.

이로 보건대, 화자는 동화 속의 나라에서나 살고 있는, 그리고 별 실익이 없는 일에나 관심을 기울이는, 게다가 황당한 꿈의 세계에나 안도하는 그런 비현실적 인물로 보이기도 하지만, 그러나 그가 근본적으로 선량한 인물이라는 데에는 이견이 있을 수 없는, 달리 말해 휴머니즘적 인간상을 보여 주는 존재라고 표현해 볼 수 있을 것이다. 현실 세계와는 달리 문학(예술)의 세계에서는 그 비현실적 특성 때문에서도 오히려 끌리는 데가 있는 인물이라고 할 수 있겠다.

   제4부의 또 하나의 작품「고향 생각」에 관하여 마지막으로 살펴보기로 하련다.

     늦가을 고향 집 뒷산에 오르면
     바람에 뒹구는 낙엽들이
     젖은 목소리로 안부를 묻고
     쓸쓸한 길에 일몰이 고울 때
     추억 속의 파란 그리움이
     연둣빛 꽃잎으로 피어난다

     가슴이 뜨겁게 타던 어느 가을날
     빨간 열매로 목걸이를 만들어
     하이얀 목에 걸어주고
     눈 맞춤도 하지 못하고
     돌아서서 지나온 날들이
     오늘의 걸음걸이를 붙든다

싸늘한 타향을 떠돌며
스스로 묶은 발목을 풀지 못하고
시린 바람 속을 걸으며
깊은 밤 별빛에 안테나를 걸고
손 편지를 쓰던 날들이 떠오른다

이 가을 낙엽이 떨어지는 소리에
지난날의 추억이 깨어나고
애잔한 그리움이 독백이 되어
답신 없을 안부를
산자락 내려온 구름에게 묻고 묻는다
　　　　　　　　　―「고향 생각」 전문

　이 시 「고향 생각」은 정서적인 면에서 기본적으로 위의 시 「여름에는」과 상통하는 면이 있는 것 같다. 「여름에는」도 그 마지막 연에서 고향 집의 모깃불 평상 이야기가 등장했었는데, 제목 자체가 「고향 생각」인 이 시편에서 그런 정황과 유사한 정서가 느껴지지 않을 리가 있겠는가. 이 시는 "늦가을 고향 집 뒷산에 오르면"으로부터 시작된다. 「고향 생각」이란 이 시제詩題와 많이 부합하는 상황이 전개되려는 전초로 예상될 수 있겠다. 기승전결

起承轉結의 외형을 취하고 있는 이 시의 내용은 아래와 같다.

기起 연에서 화자는 실제로, 늦가을 고향 집의 뒷산에 오를라치면 바람에 뒹구는 낙엽들, 바로 그 낙엽들로 말미암아 "추억 속의 파란 그리움"이 연둣빛 꽃잎 색깔로 피어난다고 하였다. 매우 센티멘털한 분위기가 조성되려는, 역시 전초 단계로 볼 수 있겠다. 이러할 때, 즉 추억 속의 그리움이 연둣빛 색깔로 피어나려 할 때, 독자들은 이하에서 무슨 청순한 사랑의 이야기가 뒤따르지 않겠는가, 예상해 보게 된다. 역시 그 예상은 빗나가지 않은 것 같다.

승承의 연에서 화자는 청년 시절의 "가슴이 뜨겁게 타던 어느 가을날"에 있었던 한 추억의 에피소드를 털어놓기 시작한다. "빨간 열매로 목걸이를 만들어 / 하이얀 목에 걸어주고 / 눈 맞춤도 하지 못하고 / 돌아서서 지나온 날들이" 새록새록 떠오르며, 오늘의 그의 발걸음을 자유롭지 못하게 만들고 있다는 것이다. 무슨 미련이 남아 있어서일까, 아니면 무슨 작은 실수라도 범한 일이 있어 지금 걸리는 때문일까, 우리 독자들로서는 알 수가 없고, 아니 짐작할 수조차 없다. 흔히 청년 시절의 로맨스는 어차피 타인들의 관여 밖의 문제이니까…….

전轉 연은 승承 연의 무리 없는 연결로 볼 수 있다. 그리하여 전轉 연에서 화자는 그 후 지난날들의 이야기를 담담하게 술회한다. "싸늘한 타향을 떠돌며 / 스스로 묶은 발목을 풀지 못하고 / 시린 바람 속을 걸으며" 살아가야만 했던 과거사를 별 부담 없이 털어놓는다. 그리고는 "깊은 밤 별빛에 안테나를 걸고 / 손 편지를 쓰던 날들이 떠오른다"라고, 자신의 그리 윤활하지 못했던 생활 환경을 그 로맨스의 파경(?)과 연결시켜 보려고 무한 애를 쓰지 않나 싶다. 그러나 청년 시절의 그런 로맨스에 누구(어느 쪽)의 책임을 묻겠는가, 그리 자책하지 않아도 될는지 모를 일이다.

결結의 연에서 화자는 다시 '가을 낙엽'의 추억거리에 생각이 미치고 있다. 시 「고향 생각」에서 가을 낙엽은 그만큼 화자의 시상詩想을 전적으로 지배하는 지배소라고 할 수 있다. 이 시 속에서의 모든 이야깃거리들이 그로부터 파생되었기 때문이다. 화자는 마지막으로 "애잔한 그리움이 독백이 되어 / 답신 없을 안부를 / 산자락 내려온 구름에게 묻고 묻는다"라고 했으니, 그의 추억은 단지 추억일 뿐 옛사랑이 회복되기를 기대한다는 것은 거의 무망한 일로 보인다. 그러나 필부필부들에게 이런 추억거리라도 있어서 옛날의 일을 회상할 수 있다는 것

자체가 역시 그들에게는 하나의 삶의 활력소가 아닐까 생각해 본다.

윤병춘 시집

길 위의 노래

초판 발행일 2024년 12월 13일

지은이 윤병춘
펴낸이 임만호
펴낸곳 창조문예사
등 록 제16-2770호(2002. 7. 23)
주 소 서울 강남구 선릉로112길 36(삼성동) 창조빌딩 3F(우 : 06097)
전 화 02) 544-3468~9
F A X 02) 511-3920
E-mail holybooks@naver.com

책임편집 김종욱
디자인 이선애
제 작 임성암
관 리 양영주

ISBN 979-11-91797-63-3 03810
정 가 10,000원

※ 잘못된 책은 바꾸어 드립니다.